Fiona Danks   Jo Schofield

Spielen am Wasser

Abenteuer erleben, Natur entdecken
und kreatives Gestalten an See, Fluss und Meer

Aus dem Englischen übersetzt
von Barbara Imgrund

AT Verlag

Die Originalausgabe dieses Buches ist unter
dem Titel »The Beach Book« 2015 bei Frances
Lincoln Ltd, London, erschienen. © 2015 Frances
Lincoln. Copyright für Text und Fotografie
© 2015 Fiona Danks und Jo Schofield.

© 2015
AT Verlag, Aarau und München
Fotos: Fiona Danks und Jo Schofield
Printed in China
ISBN 978-3-03800-849-1

www.at-verlag.ch

Inhalt

Auf Entdeckungstour gehen

Strände und Ufer verlocken zu Abenteuern. Wir könnten in den Felsen herumklettern und versteckte Gezeitentümpel suchen, einen Fluss stauen, Riesenbilder im Sand legen oder nach Treibholzmonstern Ausschau halten. Wunderbar ist es auch, im Dunkeln leuchtende Sandburgen zu bauen oder früh am Morgen wilde Tiere und Vögel zu beobachten. Oder wir ziehen uns warm an und machen mitten im Winter ein kleines Feuer, an dem wir uns wärmen und etwas kochen. Nach einem Sturm findet man am Strand oder Ufer viele Schätze, die die Wellen an Land gespült haben. Und natürlich sind Strände ideale Tummelplätze für Piraten, Schmuggler, mutige Entdecker und die Bewohner einsamer Inseln!

Überall, wo Wasser auf Land trifft, bieten sich zahllose Gelegenheiten zu Spiel, Spaß und Abenteuer – sei es am Meer, an Flüssen, Seen oder Gebirgsbächen. Strände entstehen, wenn Felsen oder Erdreich von Wasser und Wetter abgetragen werden, sodass nur noch Schlamm, Steine, Kiesel oder Sand übrig bleiben. All diese Materialien und andere natürliche Strandschätze kann man zum Spielen, Bauen und Erfinden von Geschichten verwenden.

Dieses Buch steckt voller Ideen für jede Menge Spiel und Spaß. Wir hoffen, dass es euch zu neuen Abenteuern inspiriert – und dass es euch zeigt, dass diese besonderen Orte nicht nur zum Spielen und Toben einladen, sondern wir ihrer Unberührtheit und ihrer wunderbaren Tierwelt auch Sorge tragen müssen.

Die richtige Ausrüstung für Strandabenteuer

- Tragt geeignete Kleidung: warme Sachen, wenn es kalt ist, eine Kopfbedeckung bei Hitze und Gummistiefel oder Strandschuhe.
- Denkt im Sommer an Sonnencreme, Kopfbedeckung und viel Trinkwasser.

- Eine kleine Strandmuschel, eine Plane oder eine große Plastikfolie bewährt sich als Unterstand zum Schutz vor Sonne, Wind und Regen oder auch Schnee.
- Ein paar schwere Tennisbälle.
- Ein kleiner, durchsichtiger Plastikbehälter, ein Sieb sowie eine Lupe.
- Eine stabile Strandschaufel aus Metall oder eine Pflanzschaufel.
- Eine Schere oder ein Taschenmesser, Schnur oder Faden, Gummiband, Klebeband und ein weicher Bleistift.
- Angelschnur.
- Ein kleines Erste-Hilfe-Set.

Bei allen Projekten in diesem Buch sind die Sicherheitshinweise auf Seite 124–125 zu beachten. Kinder sollten nur in Begleitung Erwachsener an den Strand gehen. Achtet auf Unterströmungen im Wasser und prüft dem Gezeitenkalender; am Strand zu spielen macht viel mehr Spaß bei Ebbe, man muss aber wissen, wann die Flut kommt.

Einige Aktivitäten sind ganz simpel, andere anspruchsvoller. Die den Aktivitäten zugeordneten Symbole geben eine Orientierungshilfe, was Schwierigkeitsgrad und Gefährlichkeit betrifft. Wichtig: Passt immer besonders gut auf, wenn ihr in der Nähe von Wasser spielt.

 Damit werdet ihr normalerweise spielend allein fertig.

 Schwieriger, sodass die Hilfe eines Erwachsenen nötig sein könnte.

 Hier sollte unbedingt ein Erwachsener dabei sein.

1

Abenteuer Wasser

01

Entdecker spielen

Es ist spannend, Strände zu erforschen. Man kann über Felsen klettern, versteckte Gezeitentümpel und Höhlen entdecken, durch Bäche waten und im Sand spielen.

● Es gibt nicht nur am Meer Strände! Wenn ihr nicht in der Nähe des Meeres wohnt, könnt ihr Flüsse oder Seen erforschen oder einen wilden Bergbach hinaufklettern und verborgene Uferbereiche erkunden.

● Wollt ihr furchtlose Entdecker spielen, die auf Abenteuer aus ziehen? Klettert über Felsen und erkundet unbekanntes Terrain, vielleicht eine vom Hai heimgesuchte Lagune oder geheimnisvolle Erdlöcher, in denen »Hobbits« hausen.

● Baut mit euren Freunden einen Hindernisparcours aus natürlichen Fundsachen. Bei Ebbe sucht ihr in den Felsen nach natürlichen Swimmingpools.

● Felswände laden zum Kraxeln ein. Geht dabei aber nicht höher als etwa 30 cm. Schaut mal, wie weit ihr in der Längsrichtung kommt, ohne dabei zwischendurch mit den Füßen den Boden zu berühren!

Sicherheitshinweise Augen auf an Klippen und in Höhlen beim Gezeitenwechsel. Meidet Stellen, die bei Flut abgeschnitten werden. Bei Spielen am Strand sollten Erwachsene dabei sein.

PROJEKT 02 Wasser umleiten und Dämme bauen

 Daran hat die ganze Familie Spaß – an jedem Gewässer.

Ziel ist es, einen Damm zu bauen, der einen Bach oder einen Wasserlauf am Strand (ein Priel) aufstaut, verlangsamt oder umleitet, sodass das Wasser sich einen anderen Weg über den Strand suchen muss. Versucht, einen großen, flachen Gezeitentümpel aufzustauen, um darin zu toben und zu planschen. Wie viel Wasser staut sich auf, bis der Damm bricht? Wenn ihr Hand in Hand zusammenarbeitet, könnt ihr den Damm rasch reparieren.

● Ihr könnt auch selbst lange, flache Kanäle graben, sodass sich das Wasser, das im feuchten Sand gespeichert ist, darin sammelt. Oder ihr buddelt Kanäle vom Wasser aus den Strand hinauf, damit sie sich füllen, sobald die Flut kommt.

Bootswettrennen

Ein lustiges Spiel für eine Gruppe an jedem Gewässer, das etwas schneller fließt.

● Zunächst sammelt ihr natürliche Materialien wie Treibholz, Stöcke und Federn. Mit Grashalmen, Schilf oder Schnur bindet ihr alles zusammen.

● Jeder bastelt sich sein eigenes Boot. Mit Kiel und Ausleger liegt es besser im Wasser. Bessert so lange nach, bis wirklich jedes Boot schwimmt. Nun legt ihr eine Rennstrecke fest und markiert Start und Ziel mit kleinen Flaggen (siehe Seite 117). Die einzelnen Mitstreiter stellen sich mit ihren Booten auf gleicher Höhe im Bach auf; auf drei lassen alle ihre Boote los. Welches schwimmt als erstes ins Ziel?

Sicherheitshinweis Aufgepasst, wenn ihr im und am Wasser spielt!

Kochen am Lagerfeuer

Gemeinsam um ein Lagerfeuer zu sitzen und dem Plätschern des Wassers zuzuhören ist ein ganz besonderes Erlebnis. Im Sommer kocht ihr etwas Leckeres auf dem Feuer, und im Winter kuschelt ihr euch gemütlich bei einer Tasse heißer Schokolade zusammen. Sinnvolle Anschaffungen sind ein Feuereimer, ein Klappgrill, ein Alukessel oder Campingkocher.

● **Sicherheit geht vor:** Beim Feuermachen muss immer ein Erwachsener dabei sein. Haltet euch an die Sicherheitshinweise auf Seite 124–125.

● Entzündet nur dort ein Feuer, wo es erlaubt ist.

● Wenn ihr den Strand verlasst, sollte keine Spur von eurem Feuer mehr zu sehen sein. Am besten macht ihr das Feuer in einer Metallpfanne, einem Metalleimer oder in einer alten Radkappe.

● Wenn ihr kein Treibholz findet, müsst ihr euren Brennstoff selbst mitbringen.

05

Strandpartys

Wie wär's mal mit einer ganz besonderen Strandparty? Prüft am Meer immer den Gezeitenkalender. Die Flut ist ungefähr alle 12½ Stunden auf dem höchsten Stand – wenn das zur Mittagszeit ist, geht ihr eben zum Frühstück oder abends an den Strand. Hier ein paar Anregungen:

Morgendämmerung Seid die Ersten am Strand und macht ein Frühstück zum Sonnenaufgang. An einem Fluss oder See könnt ihr dem Chor der Natur lauschen.

Mitternachtsfest Veranstaltet abends am Strand (am Meer bei Ebbe) ein nächtliches Festessen um ein kleines Feuer;

anschließend könnt ihr einige der Nacht-
aktivitäten von Seite 101–111 ausprobieren.

Mittsommerfeier Ein ganz besonderes Fest
kann man in der längsten Nacht des Jahres
(jeweils um den 21. Juni) feiern – genießt es,
dass es so lange hell bleibt!

Wildfangfest Bratet eure selbst gefangenen
Fische und Schalentiere am Feuer (siehe
Seite 19).

Geburtstagspartys und andere Feiern Egal,
wie das Wetter ist, mit einem wärmenden
Feuer und den Aktivitäten in diesem Buch
macht es immer Spaß.

Beim Feuer-
machen immer
die Hinweise auf
Seite 124–125
beachten!

Nahrungssuche

Am Strand könnt ihr auch Nahrung finden. Hier erfahrt ihr wo und welche.

Queller (Salicorne) Diese fleischige Pflanze (auch Glasschmelz oder -schmalz genannt) wächst in salzigen Sümpfen und im Watt. Man erntet sie im Sommer bei Ebbe mit einem scharfen Messer. Wichtig: Nicht mit den Wurzeln ausreißen! Danach wäscht man sie gründlich und dünstet oder kocht sie 8–10 Minuten. Sie schmeckt lecker und ein bisschen wie Spargel.

Schalentiere Fündig wird man an sauberen, nicht verschmutzten Felsufern bei Ebbetiefstand.

● Sammelt nur Muscheln, die größer als 3 cm sind; wascht sie sorgfältig mehrmals in Süßwasser. Gegart werden sie auf dem Grill über dem Feuer oder in kochendem Wasser. Muscheln, die sich beim Kochen nicht öffnen, wegwerfen!

● Napfschnecken solltet ihr vorsichtig von den Felsen schneiden. Bereitet sie in ihrer Schale auf dem Grill über dem Feuer zu oder direkt in der heißen Glut. Danach entfernt man mit einem Messer die weichen Eingeweide auf der Oberseite und isst das Muskelfleisch darunter. Superlecker!

Sicherheitshinweise

● Ein Bestimmungsbuch mitnehmen, um nur genießbare Schalentiere zu sammeln.
● Verschmutztes Wasser meiden und nur bei Ebbe sammeln.
● Nur große Muscheln sammeln; die kleinen müssen noch wachsen.
● Schalentiere nie roh essen! Gleich nach dem Sammeln zubereiten und die schlechten wegwerfen.

Petri Heil!

Fische und Krebse mit einem Köder anzulocken, erfordert Ruhe und Geduld. Dazu braucht ihr Angelschnur und ein kleines Taschenmesser.

Krabben fangen Legt eine Muschel ohne Schale in ein kleines Netz (z. B. Orangennetz), an dem ihr eine Schnur befestigt, und hängt es ins Wasser. Euern Fang gebt ihr vorsichtig in einen Eimer voller Meerwasser und lasst ihn anschließend wieder frei.

Angeln Werft eine Angelschnur mit einer Muschel als Köder vom Ufer, einem Felsen oder Pier aus. Aufgepasst beim Hantieren mit dem spitzen Haken!

Signalkrebse fangen Der aus Nordamerika eingeführte Signalkrebs mit seinen unverwechselbaren roten Scheren (siehe Seite 9) hat sich bei uns zu einer Plage entwickelt; er verdrängt einheimische Krebsarten und unterhöhlt Uferbereiche. Gebt ein Stück Schinkenspeck auf ein Plastiktablett und lasst es an einer Schnur in den Fluss. Wenn ein Signalkrebs darauf kriecht, zieht ihr es hoch. Gebt die Krebse in stark kochendes Wasser, damit sie schnell sterben und nicht unnötig leiden müssen.

Sicherheitshinweise Nur fischen, wenn ein Erwachsener dabei ist. Vorsicht beim Umgang mit Angelhaken, Krabben und Krebsen.

2

Die Natur entdecken

08

Artenvorkommen

Welche Arten könnt ihr am Strand- und Uferbereich entdecken? Versucht innerhalb von 24 Stunden so viele Pflanzen und Tiere wie möglich zu finden.

Übersichtsplan Malt einen großen Plan vom Strand in den Sand und zeichnet Einzelheiten wie Felsen oder Dünen ein, aber auch Tiere, dort, wo ihr sie entdeckt habt; ebenso Vögel, die über dem Meer fliegen, Fische im Wasser (vielleicht sogar ein vorbeigaloppierendes Einhorn?). Wenn ihr Tiere nicht bestimmen könnt, sucht sie auf www.nabu.de.

Naturforscher spielen Vielleicht gibt es am Ort ein Museum, eine Naturschutzgruppe oder eine wissenschaftliche Einrichtung, für die ihr die am Strand wild vorkommenden Arten beobachten könnt. Am besten, ihr fragt direkt dort nach, ob Kinder mithelfen dürfen.

Ihr könnt in eure Plan-skizze auch Fundstücke vom Strand legen, z. B. Federn, Muschelschalen, Seetang.

Gezeitentümpel

Bei Ebbe entstehen Gezeitentümpel, in denen sich Meerestiere sammeln. Genauso könnt ihr in Süßwassertümpeln auf Tiersuche gehen.

● Besonders interessant sind Gezeitentümpel bei Ebbe an ruhigen Felsufern. Nähert euch langsam dem Tümpel und setzt euch hin, ohne einen Schatten aufs Wasser zu werfen. Haltet Ausschau nach kleinen Fischen, Garnelen, Seesternen, Seeanemonen und Einsiedlerkrebsen.

● Schiebt den Seetang mit einem Stöckchen beiseite oder fangt einige der Lebewesen vorsichtig mit einem Netz ein, um sie genauer zu beobachten. Legt eine tote Napfschnecke in den Tümpel, um die Tiere aus ihren Verstecken zu locken.

● Ihr könnt die Tiere in einem durchsichtigen, mit Meerwasser gefüllten Plastikbehälter anschauen, bevor ihr sie wieder in den Tümpel zurücksetzt.

Sicherheitshinweise
● Achtet auf den Gezeitenstand und auf scharfe, glitschige Steine.
● Hinterlasst die Tümpel so, wie ihr sie vorgefunden habt.

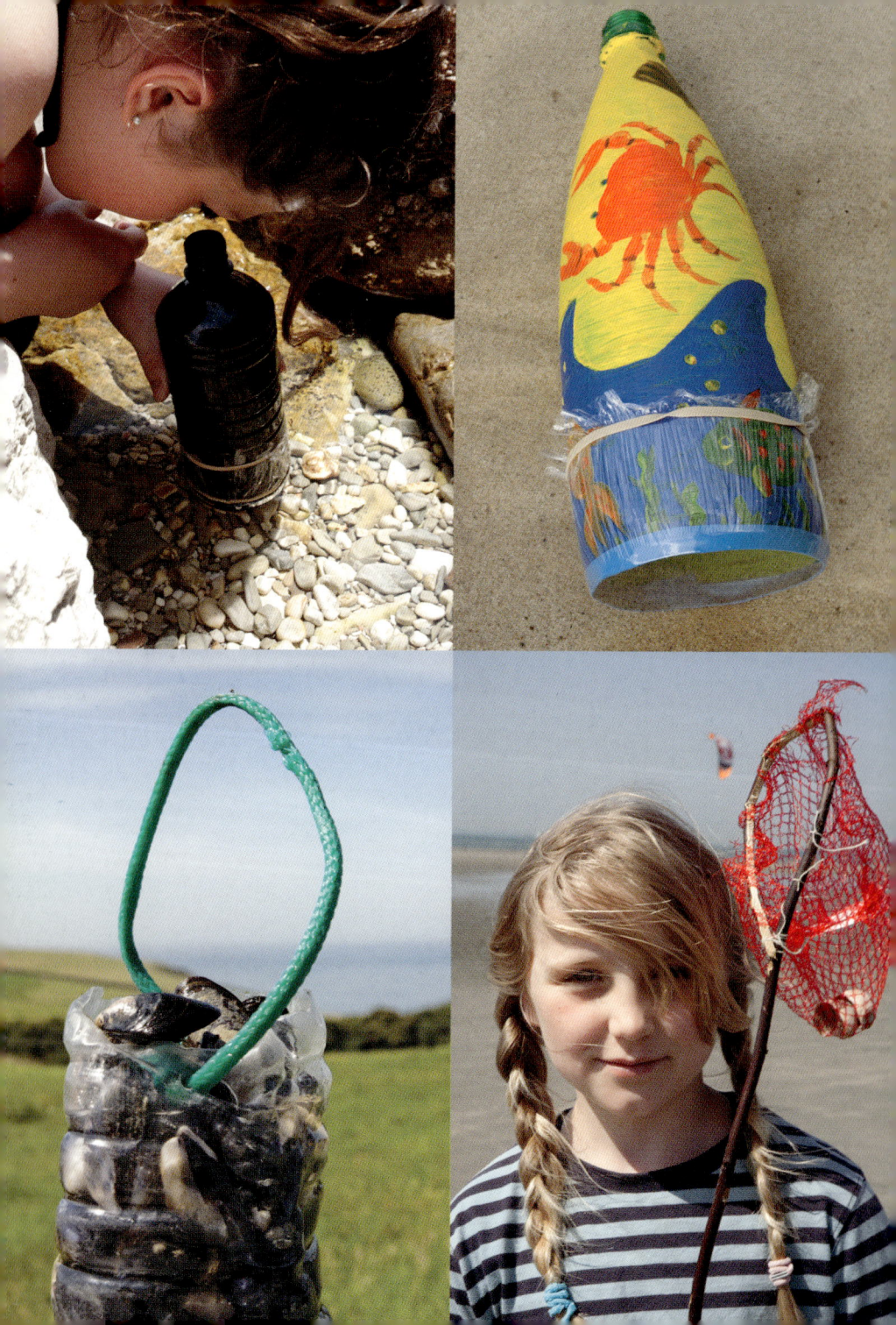

Forscherzubehör

Ihr braucht kein teures Zubehör zu kaufen – bastelt euch eure Geräte selbst!

Tümpelgucker Mit diesem Beobachtungsglas stört weder blendendes Sonnenlicht noch vom Wind gekräuselte Wellen, sodass ihr die Unterwasserwelt ungestört beobachten könnt. Ihr braucht dazu eine dunkle Plastikflasche oder eine durchsichtige, die ihr mit dunkler Acrylfarbe anmalt. Den Boden abschneiden, sodass ein Rohr entsteht, und die scharfen Kanten mit Isolierband abkleben. Nun Klarsichtfolie über den Boden der Röhre glattziehen und mit Gummiband fixieren. Durch den Gucker könnt ihr die Unterwasserwelt betrachten.

Kescher und Eimer Einen Kescher bastelt ihr ganz einfach aus einem Obstnetz. Am offenen Ende schiebt ihr eine lange biegsame Rute oder einen gegabelten Ast rundherum durch die Löcher, dann bindet ihr das Netz an einigen Stellen an der Rute fest, sodass es gut hält. Das Netz am Ende der Rute befestigen (siehe Foto). Ein perfekter Eimer für euren Fang entsteht aus einer abgeschnittenen Plastikflasche.

11

Treibgut suchen

Der tägliche Wechsel der Gezeiten spült allerlei Treibgut an den Strand. Der beste Zeitpunkt für die Suche am Strand ist nach einem Sturm bei Ebbe.

Findet ihr ein Seeigelgehäuse, eine konische Napfschnecke, eine längliche Schwertmuschel, die strahlenförmig gerillte Jakobsmuschel oder die knubbelige Austernmuschel? Oder haltet Ausschau nach der kleinsten Muschel, einem Kalkskelett oder schimmerndem Perlmutt im Inneren von Weichtierschalen. Was ist das Ungewöhnlichste, das ihr finden könnt?
Sicherheitshinweis Finger weg von allem scharfkantigen oder verunreinigten Müll.

Auf der Jagd nach Strandgut
Was entdeckt ihr?

☐ **Diverse Muscheln**
☐ **Gehäuse von Seekartoffeln** Eine Seeigelart, die einer Kartoffel ähnelt.
☐ **Seetang** Wie viele verschiedene Arten findet ihr?
☐ **Eikapseln** von Rochen, Dornhaien und anderen Haiarten
☐ **Eiklumpen** der Wellhornschnecke
☐ **Schwämme** Weiche Schwämme oder verwitterte tote Korallen
☐ **Skelette** (Schalen) von Krabben oder Hummern
☐ **Treibholz** in interessanten Formen
☐ **Unbelebte Dinge** Abgeschliffene Glasscherben, interessant geformte Steine: vollkommen runde, ganz weiße oder mit Löchern
☐ **Kleinstlebewesen** Entdeckt ihr kleine Tiere im Seetang, andere Fundsachen, Vögel, die am Strand fressen?

12 Lebensraum Sanddünen

Im Rücken mancher Strände finden sich Dünen, an denen sich der vom Wind angewehte Sand auftürmt. Widerstandsfähiges Dünengras gibt ihnen Halt.

Bewegt euch lautlos und nur auf den vorgegebenen erlaubten Wegen durch die Dünen und haltet Ausschau nach Eidechsen, Vögeln, Schmetterlingen und allen möglichen Wildblumen und Pflanzen, die sich an diese unwirtliche und trockene Umwelt angepasst haben. Entdeckt ihr an einem windigen Tag vielleicht sogar Minidünen am Strand? Dabei sammelt sich Sand um kleine Gegenstände, wie etwa Kieselsteine, Seetang oder auch eine einzelne Feder.

Sicherheitshinweise Sanddünen sind wertvolle, geschützte Lebensräume für Tiere und Pflanzen; sie können leicht Schaden nehmen und abgetragen werden. Daher auf den vorgegebenen Wegen bleiben.

Leben am Fluss

An den Ufern von Flüssen und Bächen ebenso wie im Wasser leben viele Tiere. Um nicht stromabwärts gerissen zu werden, müssen sie sich festhalten, schnell schwimmen können oder einen vor der Strömung geschützten Ort finden.

Findet Kleinstlebewesen wie Süßwassergarnelen, Puppen von Eintagsfliegen und Libellen sowie Köcherfliegenlarven. Schaut unter Steinen am Strand und am Wasser nach; rückt die Steine dann wieder an Ort und Stelle zurück. Taucht ein Netz oder Sieb ins Wasser und seht nach, was sich darin sammelt. Haltet Ausschau nach Hinterlassenschaften von Vögeln und Säugetieren, etwa nach Spuren oder Resten von Mahlzeiten. Sucht auch nach Wasservögeln wie Enten, Schwänen, Eisvögeln und Wasseramseln.

3

Strandspiele

Ballspiele

Macht euch euer Zubehör selbst und erfindet neue Ballspiele! Hier ein paar Ideen:

Knievolleyball Ein tolles Spiel für Spieler jeden Alters. Alle knien, und keiner ist im Vorteil. Zeichnet mit einem Spaten oder Stock die Umrisse des Spielfeldes in den Sand; eine aufgehäufte Sandlinie quer durch die Mitte markiert das »Netz«. Es gelten dieselben Regeln wie beim üblichen Volleyball.

Schlagball und Baseball Habt ihr Lust zu spielen, aber weder Schläger noch Ball? Nichts leichter als das, schaut euch einfach am Strand um. Ein Stück Treibholz gibt einen guten Schläger ab, und einen Ball könnt ihr aus Plastiktüten basteln, die ihr ganz fest um einen kleinen Stein wickelt und mit einem Stück Schnur festzurrt.

Findet ihr etwas am Strand, aus dem sich Schläger, Bälle und Netze basteln lassen? Vielleicht erfindet ihr auch lustige neue Spiele.

Kugelbahn

Ein schönes Spiel für den Sandstrand. Wie weit kann eure Kugel rollen?

● Dazu braucht ihr eine kleine, schwere Kugel. Dann häuft ihr einen Berg Sand auf. Formt eine Rinne, die sich den Berg hinunterwindet. Sie muss exakt dem Durchmesser der Kugel entsprechen und ganz glatt sein; die Wände sollten die Kugel in der Spur halten.

● Schafft ihr es, die Kugel in einem Zug von oben bis unten rollen zu lassen?

● Baut ein paar Extras ein, zum Beispiel einen Tunnel durch den Sandberg. Oder wie wär's mit zwei parallelen Rinnen und einem Wettbewerb im Kugelrollen mit euren Freunden?

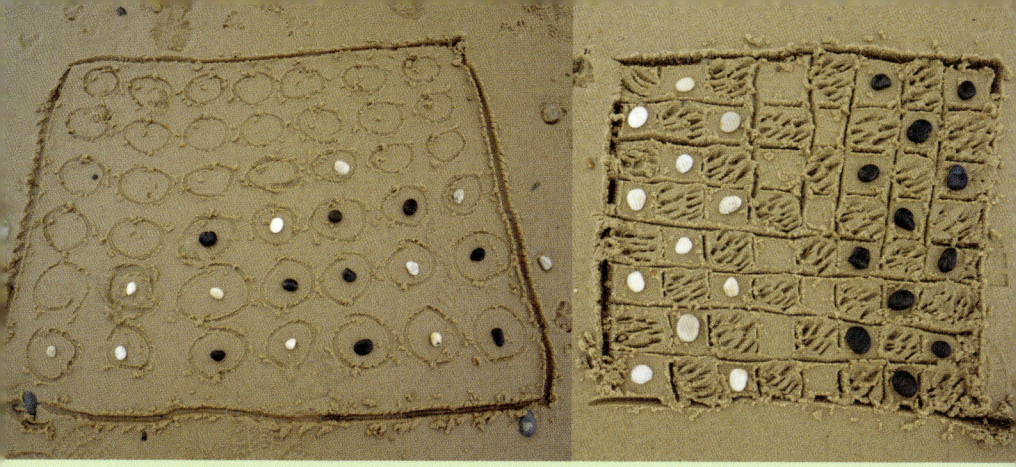

Brettspiele

Brettspiele kann man auch ohne Brett spielen!
Ein Sandstrand liefert die perfekte Unterlage für Kiesel-
steine oder Muscheln. Damit könnt ihr Tic Tac Toe,
Himmel und Hölle, Dame, Vier gewinnt oder sogar
Schach spielen.

● Sucht euch ein glattes, festes Stück Sand, auf das ihr mit
dem Finger oder einem Stock das Spielbrett zeichnet. Für Dame
oder Schach braucht es acht Mal acht Felder, für Vier gewinnt
sieben Kreise waagrecht und sechs senkrecht.

● Nun geht ihr auf die Suche nach natürlichen Spielsteinen wie
Muscheln, Kieseln oder Federn. Die abgebildeten schwarzen
und weißen Kiesel sind perfekt; für Dame braucht jeder Spieler
zwölf Stück. Sortiert die Spielsteine nach Form oder Farbe.
Und los geht's!

17

Neue Spielideen

Haltet die Augen offen und denkt euch neue Spiele aus, die ihr mit euren Fundstücken spielen könnt. Hier ein paar Anregungen:

Strandbarts Eine Kreuzung aus Boule und Darts. Malt eine Zielscheibe aus konzentrischen Kreisen auf ein ebenes Sandstück. Jeder Kreis wird nummeriert; die höchste Zahl trägt der Kreis in der Mitte. Jeder Spieler sucht sich drei Steine – je runder, desto besser. Markiert etwa 2 m vom äußersten Kreis entfernt eine Linie, von der aus ihr abwechselnd eure Steine auf die Zielscheibe werft. Wer erzielt den höchsten Punktestand?

Footbag Statt des bekannten mit Reiskörnern oder Sand gefüllten Beutels geht es auch mit einer alten Socke. Gebt trockenen Sand hinein, sodass ein Ball von der Größe

eines Tennisballs entsteht. Die Socke fest zusammendrehen, über den Ball stülpen und noch einmal festdrehen. Mit ein paar Federkielen das lose Ende fixieren und alles mit einem Stück Schnur oder Gummiband befestigen. Jetzt kann der Spaß losgehen!

Strandkegeln

Zum Kegeln eignet sich alles Mögliche. Hier ein paar Vorschläge. Fallen euch weitere ein?

Mit leeren Behältern Gebt etwas Sand in leere Flaschen, Saftkartons oder Plastikbehälter vom Picknick. Wie viele dieser Kegel könnt ihr mit einem Wurf zu Fall bringen?

Mit Treibholz Mit ausgekühlten Kohlenstücken von einem niedergebrannten Feuer haben wir lustige Figuren auf Treibholz gemalt. Wir stellten sie in einer Reihe auf und bewarfen sie mit Steinen; wer die meisten Hölzer umwarf, hatte gewonnen.

Mit Steinen Baut gemeinsam ein paar Türme aus Steinen. Dann werft ihr reihum Steine darauf, um sie zum Einsturz zu bringen.

Sicherheitshinweis Beim Steinewerfen aufpassen, dass ihr nicht eure Mitspieler trefft!

Auf Schatzsuche

Schnitzeljagden eignen sich perfekt für den Strand, setzen allerdings eine gewisse Planung voraus.

Flaschenpost Legt eine Fährte aus Pfeilen oder Flaggen (siehe Seite 117), die zu Hinweisen führen, die in Flaschen versteckt sind. Jeder Hinweis sollte eine witzige Aufgabe enthalten, zum Beispiel Riesenfüße aus Sand bauen (siehe Seite 98).
Piraten-Schatzkarte Findet ihr den Schatz in diesem Spiel für zwei verwegene Freibeutermannschaften?

read me

● Jede Mannschaft vergräbt einen Schatz (vielleicht eine Kiste voller goldener Schokoladentaler). Dann markiert sie die Stelle mit einem Kreuz aus Steinen, Stöcken oder Muscheln oder zählt die Schritte von einem auffälligen Punkt in der Nähe ab.

● Jede Mannschaft malt eine Schatzkarte in den Sand, auf der das Versteck des Schatzes eingezeichnet ist. Auf der abgebildeten Karte sieht man die Sanddünen, die Hütten am Strand, die Gezeitentümpel und das Meer.

● Jede Mannschaft sucht nun mithilfe der Karte der anderen Gruppe deren Schatz.

Steintürme

Das wird die ganze Familie begeistern. Achtet darauf, dass euer Turm stabil steht, damit er nicht über euch zusammenbricht.

● Errichtet euern Turm an einem markanten Ort oder an euerm Lieblingsplatz, zum Beispiel auf einem Felsvorsprung.

● Wer baut den höchsten Turm? Als Fundament nehmt ihr einen großen, ebenen Stein und schichtet dann flache Steine in verschiedenen Größen darauf. Nehmt euch Zeit, die jeweils passenden Steine auszusuchen. Jede neue Lage ist kleiner als die darunter; mit Kieseln könnt ihr die größeren Steine abstützen.

● Ihr könnt die Türme auch an die Kante des Wasserstands bei Flut bauen. Welcher trotzt am längsten den Wellen, bevor er ins Meer fällt?

● Baut eure Türme wieder ab, bevor ihr den Strand verlasst.

Sicherheitshinweise Beim Türmebauen sollten besser Erwachsene dabei sein. Prüft, ob jeder Stein sicher sitzt, bevor ihr die nächste Lage darüber schichtet.

21 Steinehüpfen

Dieser beliebte Zeitvertreib eignet sich für einen windstillen Tag an einer Bucht, einem See oder einem ruhigen Fluss.

● Sammelt flache, ovale oder runde Steine (siehe Seite 33); sie sollten gut in der Hand liegen. Am besten, ihr haltet den Stein locker zwischen Daumen und den übrigen Fingern, bevor ihr werft; der Daumen liegt oben. Man wirft auf Hüfthöhe aus dem Handgelenk; dabei sollte der Stein so horizontal wie möglich liegen, damit er über die Wasseroberfläche hüpfen kann.

● Wie weit hüpft euer Stein? Zählt mit, wie oft er auftrifft. Knackt ihr den Weltrekord von 51 Sprüngen? Schafft es euer Stein auch über einen Baumstamm oder Felsen im Wasser? Veranstaltet einen Wettbewerb mit euren Freunden: Jeder hat fünf Versuche.

Sonnenuhren

Experimentiert mit Stöcken und Steinen: Wohin bewegen sich die Schatten im Laufe des Tages?

Sonnenuhr Malt einen Kreis in den Sand und steckt einen Stock oder länglichen Stein in die Mitte. Mit Kieseln, Stöckchen oder Muscheln markiert ihr die Zahlen des Ziffernblatts und schreibt euch auf, um welche Uhrzeit ihr es angelegt habt. Beobachtet dann, wie der Schatten sich bewegt.

Sonnenprotokoll Sucht eine ruhige Stelle in der prallen Sonne, und zwar über der Flutmarke. Morgens steckt ihr einen geraden, 1 m langen Stock in den Sand. Zu jeder vollen Stunde markiert ihr die Spitze seines Schattens mit einem kurzen Stock oder Stein und schreibt die Uhrzeit daneben. Kommt an einem anderen sonnigen Tag wieder und schaut nach, ob die Uhr noch »stimmt«.

23

Steinjenga

Bei dieser Version des beliebten Jenga benutzt ihr kleine flache Steine anstelle der Holzklötzchen. Legt abwechselnd reihum einen Stein auf den Turm; wer den Turm zum Einstürzen bringt, hat verloren. Das Spiel macht noch mehr Spaß, wenn jeder Mitspieler zuerst den Stein seines Vorgängers mit Kieselsteinen stützt, bevor er seinen eigenen Stein hinzufügt.

24 Steine balancieren

Das ist leichter, als man denkt! Wählt einen Felsen im Wasser, auf dem euer Stein balancieren soll. Gibt es eine kleine Unebenheit, eine Kerbe oder Rille darauf? Bewegt den Stein, der darauf balancieren soll, in der Hand hin und her, um ein Gefühl dafür zu bekommen. Platziert ihn auf die unebene Stelle des Felsens und dreht ihn, bis er ausbalanciert ist. Jetzt nehmt ihr die Hände weg – und der Stein bleibt (hoffentlich) stehen!

Sicherheitshinweis
Vorsicht beim Hantieren mit schweren Steinen.

Lustige Gesichter

Die perfekte Beschäftigung für Kiesstrände an Meer, See und Fluss. Ihr braucht nur einen Bleistift oder ein Stück Kohle.

Sammelt viele helle Steine. Zeichnet dann Haare, Ohren, Augen, Nasen und Münder von Menschen und Tieren jeweils einzeln auf verschiedene Steine – so viele, bis ihr eine ganze Auswahl an lustigen Gesichtern beisammen habt. Tauscht die einzelnen Steine immer wieder aus und legt Fratzen von Aliens, Monstern oder witzigen Figuren.

Gesichter verrücken Dreht alle Steine um, sodass die Zeichnungen nicht zu sehen sind. Reihum hebt ihr nun jeweils einen Stein auf; der Erste, bei dem ein lustiges Gesicht fertig ist, hat gewonnen.

Memory Sucht euch reihum einen Stein aus. Wenn er nicht zu dem Gesicht passt, das ihr gerade vervollständigt, müsst ihr ihn wieder umgedreht hinlegen. Wer als Erster ein Gesicht legt, bei dem alles zusammenpasst, hat gewonnen.

4

Kunstwerke gestalten

Zinnanhänger gießen

Wo Feuermachen erlaubt ist, braucht es nur noch einen kleinen Topf zum Gießen, hitzefeste Handschuhe und einen Barren bleifreies Reinzinn (erhältlich im Hobbybedarf).

- Ein kleines Feuer machen, vorzugsweise in einer Feuerschale. Das Zinn im Topf erhitzen, bis es flüssig ist; dank seines niedrigen Schmelzpunkts ist Zinn ideal zum Gießen.
- Ein Fundstück aus der Natur, zum Beispiel eine Muschel, in angefeuchteten, festen Sand drücken, um eine Gussform herzustellen. Nun vorsichtig das flüssige Zinn in die Hohlform im Sand gießen. Dabei ein Stöckchen aufrecht in die Form halten, sodass ein Loch entsteht, durch das ihr später eine Schnur ziehen könnt.
- Warten, bis der Zinnanhänger abgekühlt und hart geworden ist.

Sicherheitshinweise Beim Hantieren mit dem Topf und beim Gießen hitzefeste Handschuhe tragen! Es sollte ein Erwachsener dabei sein. Beachtet die Hinweise auf Seite 124–125.

Strandbilder

Strände und Uferbereiche sind oft übersät mit natürlichen Rückständen, die ihr bisher vielleicht gar nicht beachtet habt. Haltet Ausschau nach interessanten Dingen, die sich in Strandbilder verwandeln lassen.

● Vielleicht wird aus einem Klumpen Seetang ein Krokodil. Oder ein paar angespülte verdrehte Wurzeln verwandeln sich in die Beine des Gefleckten Kieselkäfers …

● Achtet auf Form und Beschaffenheit eurer Funde: Weiße Kiesel oder Muscheln sehen auf dunklem, nassem Sand toll aus. Auch auf einem grasgrünen Uferabschnitt ergeben sie einen guten Kontrast.

● Wenn ihr keine interessanten Naturfunde habt, macht Bilder aus Abdrücken von euren Händen und Füßen oder schreibt eure Namen in den Sand.

Schmuckfundstücke

Sucht an der Wasserlinie nach besonders schönen Schätzen.

Juwelen aus dem Wasser Sammelt bunte Steine und abgeschliffene Glasscherben. Gebt sie in eine durchsichtige Plastikflasche und stellt sie ins Fenster, damit die Sonne sie funkeln lässt.

Strandschmuck Haltet Ausschau nach Schmuckstücken vom Strand, vielleicht eine Muschel, die vom Meer so abgeschliffen ist, dass sie sich als Ring tragen lässt. Oder bastelt Anhänger und Ketten aus kleinen Steinen, rundgeschliffenen Glasscherben, Muscheln oder Federn.

● Nehmt ein Knäuel Schnur oder Wolle mit. Sucht Dinge, die ihr auffädeln oder mit Schnur umwickeln könnt, um sie als Schmuck zu tragen.

● Hübsche Muscheln, Steine oder rundgeschliffene Glasscherben könnt ihr auch nach Hause mitnehmen und sie mit sehr starkem Kleber (mit der Hilfe eines Erwachsenen) an einer Schnur, einem Kettchen oder Band befestigen. Lasst alles gut trocknen, bevor ihr es anlegt.

29

Mobiles und Windspiele

Ein ganz besonderes Andenken ist ein selbst gebasteltes Mobile oder ein Windspiel, das ihr draußen vor der Haustür oder in einem Fenster aufhängen könnt.

Strandmobile Sammelt Dinge am Strand, die euch gefallen – Treibholz, Muscheln, Federn, Steine mit Löchern. Bindet zum Befestigen jeweils ein Stück Schnur oder Wolle darum. Nun hängt ihr eure Schätze an dem Stück Treibholz auf. Wenn nötig, bittet einen Erwachsenen, mit einer Ahle Löcher in die Muscheln zu bohren.

Wildes Windspiel Haltet am Strand Ausschau nach Fundstücken, die Geräusche machen. Bindet sie an ein Stück Treibholz, und zwar so, dass sie aneinanderstoßen, wenn der Wind sie bewegt.

Sicherheitshinweis
Vorsicht beim Löcherbohren mit einer Ahle!

Treibholzmonster

Winterstürme spülen oft Treibholz an Strände und Ufer. Von den Wellen geglättet und geformt, sieht das knorrige Holz manchmal fast lebendig aus.

● Sucht am Strand oder Ufer nach Treibholz. Schaut euch eure Funde an und lasst eure Fantasie spielen – an welche Geschöpfe erinnern sie euch?

● Ein Baumstrunk verwandelt sich in ein bedrohliches Monster, das so aussieht, als wäre es aus dem Wasser gekrochen, um den Strand zu bewachen. Ein Gewirr aus Wurzeln und Seetang bildet die Haare, ein altes Krebsgehäuse mit einigen Kieselsteinen sorgt für den finsteren Blick, und scharfkantige Steine ergeben die gefährlichen Zähne. Ist es eine fliegende Seeschlange oder ein Vogelsaurier?

● Lasst die wilden Gestalten am Strand stehen, sodass sie die nächsten Besucher entdecken können.

31

Sandskizzen

Sucht euch als »Schreibstift« einen Stock, einen spitzen Stein oder eine Schaufel und als »Zeichenblatt« eine ebene Stelle mit festem, feuchtem Sand. Lasst eure Fantasie spielen und zeichnet, was euch so einfällt, zum Beispiel diesen Hund mit den seeehr langen Ohren.

32 Sandgemälde

Gebt eine Portion trockenen Sand in einen Behälter. Wenn ihr die Augen offen haltet, findet ihr an unterschiedlichen Strandabschnitten vielleicht sogar verschiedenfarbigen Sand. Sucht euch als »Leinwand« eine große, ebene Stelle mit glattem, feuchtem Sand. Nun nehmt ihr etwas trockenen Sand in die Hand oder gebt ihn in eine alte Socke mit einem kleinen Loch oder in eine Plastiktüte, von der ihr eine Ecke abgeschnitten habt. Indem ihr den trockenen Sand auf eure »Leinwand« streut, könnt ihr Bilder »malen«.

33

Sandsilhouetten

Mit trockenem Sand könnt ihr die Umrisse von Händen, Füßen, Spielzeug oder natürlichen Materialien auf den feuchten, dunkleren Sand streuen. Oder ihr fertigt eine Ganzkörpersilhouette an: Dazu legt sich ein Freund in den festen, feuchten Sand, schließt fest die Augen, und ihr streut von Kopf bis Fuß Sand um ihn herum. Schafft er es aufzustehen, ohne seine Silhouette zu zerstören?

Felskunst und -poesie

Wählt einen großen, flachen Felsen oder Stein als »Leinwand«.

● Verteilt zunächst feuchten Sand auf dem Felsen, sodass ihr darauf malen könnt. Nun zeichnet ihr mit dem Finger, einem kleinen Stein oder einem Stock Bilder in den Sand. Wenn der Felsen unterhalb der Gezeitenlinie liegt, wird die Flut eure Kunstwerke wieder wegspülen.

● Ihr könnt auch ein Gedicht auf den Felsen schreiben.

Connies Gedicht

Ein Einsiedlerkrebs,
der war sehr schlau.
Doch zu hässlich für jede Krebsfrau.
Eine Muschel fand er.
Hinein sich wand er.
Und lebt jetzt zu zweit in seinem Bau.

35

Skulpturen aus Sand

Wie alle Sandburgenbauer wissen, lässt sich angefeuchteter Sand sehr gut modellieren. Häuft einen Hügel Sand auf und klopft ihn zur gewünschten Grundform fest, sodass er schön kompakt wird. Nun formt ihr den Sandhaufen nach

Belieben zu einer Meerjungfrau, einer Schildkröte, einem Fisch oder etwas anderem. Mit einer Muschel oder einem Stock zeichnet ihr die Feinheiten ein; mit einem Strohhalm blast ihr störenden Sand aus Mulden und Rillen. Verziert euer Kunstwerk am Schluss mit Muscheln, Stöckchen, Steinen, Seetang oder Federn.

Bilderrahmen

**Bastelt einen Bilderrahmen aus Treibholz und Strand-
fundstücken, indem ihr entweder vor Ort alles mit
Schnur und Gummibändern befestigt oder es zu
Hause mit Heißleim zu einem dauerhaften Andenken
zusammenklebt.**

● Wenn ihr am Strand durch den magischen Rahmen guckt,
werdet ihr interessante Blickwinkel und Bilder entdecken, die ihr
fotografieren oder malen könnt.

● Legt den Rahmen in den Sand und stellt ein Bild aus Fundstücken vom Strand zusammen: zum Beispiel einen Fisch
aus Muscheln (siehe Seite 52) oder einen Treibholzdrachen mit
Muschelstacheln, der sich in Seetang versteckt.

● Ihr könnt den Rahmen zu Hause auch für euer Lieblingsfoto
benutzen. Oder ihr klebt eine Collage aus Fundstücken
vom Strand auf Karton und passt alles in euren Rahmen ein.

Sicherheitshinweis
Heißklebepistolen sollten
nur in Anwesenheit eines
Erwachsenen benutzt
werden.

Mosaike und Muster

Viele Strände sind mit kleinen Schätzen übersät, mit Muscheln, Steinen und Kieseln jeder Größe, Form und Farbe. Am Ufer eines Flusses oder Sees findet ihr Blätter, Blüten und Samen. Legt aus diesen Schätzen Muster, ein Mosaik oder Wörter. Auf der nächsten Doppelseite findet ihr noch mehr Ideen.

Schattenbilder

Offene Strände oder Uferbereiche sind an sonnigen Tagen ideal für Schattenspiele, vor allem gegen Abend. Unbedingt mit der Kamera festhalten, denn die Schatten sind vergänglich.

Wasserschatten Stellt euch direkt ans Wasser, um bizarre, verzerrte Wasserschatten zu produzieren. Durch die Bewegung der Wellen werden sie zum Leben erweckt.

Schattenmonster aus Stöcken Steckt ein paar Stöcke in den Sand. Gelingt es euch, sie mithilfe von Blättern oder Seetang in Schattenmonster zu verwandeln?

Schattenskulpturen Wenn die Sonne schon tief am Himmel steht, sucht nach Muscheln, Steinen, Stöcken oder trockenem Seetang für Skulpturen, die lang gezogene Schattenmuster auf den Sand werfen.

Schattengestalten
Könnt ihr mit eurem Körper lustige Schattenmonster auf den Strand zaubern? Wem gelingt das witzigste Ungeheuer?

Formen und Muster entdecken

Schaut genau hin: Wie viele verschiedene natürliche
Muster und Oberflächen könnt ihr am Strand entdecken?
Haltet sie mit der Kamera fest. Sucht nach Verwerfungen

im Sand, ausgewaschenen Felsen, Wellen, Steinen, Muscheln, Reflexionen, Wasser auf dem Sand und Wolkenmustern am Himmel.

Montiert die Fotos zu einer Collage zusammen. Oder noch besser: Macht einen Wettbewerb daraus. Erkennen eure Freunde, worum es sich bei all diesen Mustern handelt?

Optische Täuschung

Verblüfft eure Freunde mit witzigen Fotos, die das Auge täuschen. Lasst Großes klein und Kleines groß scheinen!

Solche Fotos schießt ihr am besten an einem sonnigen Tag. Wie wär's mit einem Wolkeneis, mit einem ganzen Schiff in eurer Hand oder einem Haus, auf dem euer Riesenfuß steht? Und ist das nun eine Pizza oder eine Insel, die Dan da isst? Ihr könnt auch einfach nur lustige Sujets fotografieren, wie diesen verzerrten Schwimmer unter Wasser.

Fotowettbewerb Macht einen Wettbewerb unter Freunden: Wer schafft das Meisterfoto der optischen Täuschung?

5

Fantasiespiele

Burgen und Festungen

Jeder baut gern Sandburgen. Welche anderen Materialien eignen sich auch noch für Burgen am Meer, Fluss oder See?

Versucht es mal mit Felstürmen, Steinfestungen, Flusskieselschlössern, Nasssandtürmen oder Festungen aus Schlamm und Stöcken. Ihr könnt eure Burg auch an einem Ort bauen, wo sie für den Feind auf Raubzug schwer einnehmbar ist – vielleicht auf einer Felseninsel oder auf einem Floß, das mitten in einem Gezeitentümpel treibt?

42

Fantasiewelten

Vielleicht habt ihr auch schon mal eine lange konische Muschel gefunden, die wie das Horn eines Einhorns aussah, Treibholz, das an ein Seeungeheuer erinnerte. Kurbelt eure Fantasie an und geht auf magische Schatzsuche! Die Checkliste unten hilft euch dabei, euern Blick zu schärfen.

Miniwelten Schafft aus eurer Sammlung ganze Fantasiewelten mit winzigen Häusern und allem Drum und Dran.

Checkliste: Schatzsuche

- ☐ Beautykoffer einer Meerjungfrau
- ☐ Tafel für Neptuns Bankett oder Lunchpaket für eine Nixe
- ☐ Klauen und Zähne eines Meeresungeheuers
- ☐ Zaubermuschel
- ☐ Strandhütte oder Sonnenschirm für eine Fee
- ☐ Verlorenes Juwel aus Neptuns Krone
- ☐ Rüstung aus Seetang, Waffen aus Muscheln und Treibholz für einen Elfenritter
- ☐ Ballkleid einer Meeresnymphe

43 Drehbuch

● Ein Storyboard verwendet anstelle von Worten Bilder, um eine Geschichte zu erzählen. Oben zum Beispiel ein Surfer, der vor einem Feuer auf die richtige Welle wartet. Als sie da ist, glückt ihm der Ritt seines Lebens; dabei bemerkt er nicht, dass ein gewaltiger Hai unter der Wasseroberfläche lauert. Am Ende der Geschichte lächelt der Hai selig und hat einen vollen Bauch!

● Entwerft mithilfe von Steinen und anderen natürlichen Materialien euer eigenes Storyboard. Ihr könnt eine eigene Geschichte erfinden oder eine bekannte nacherzählen. Erraten eure Freunde, worum es dabei geht?

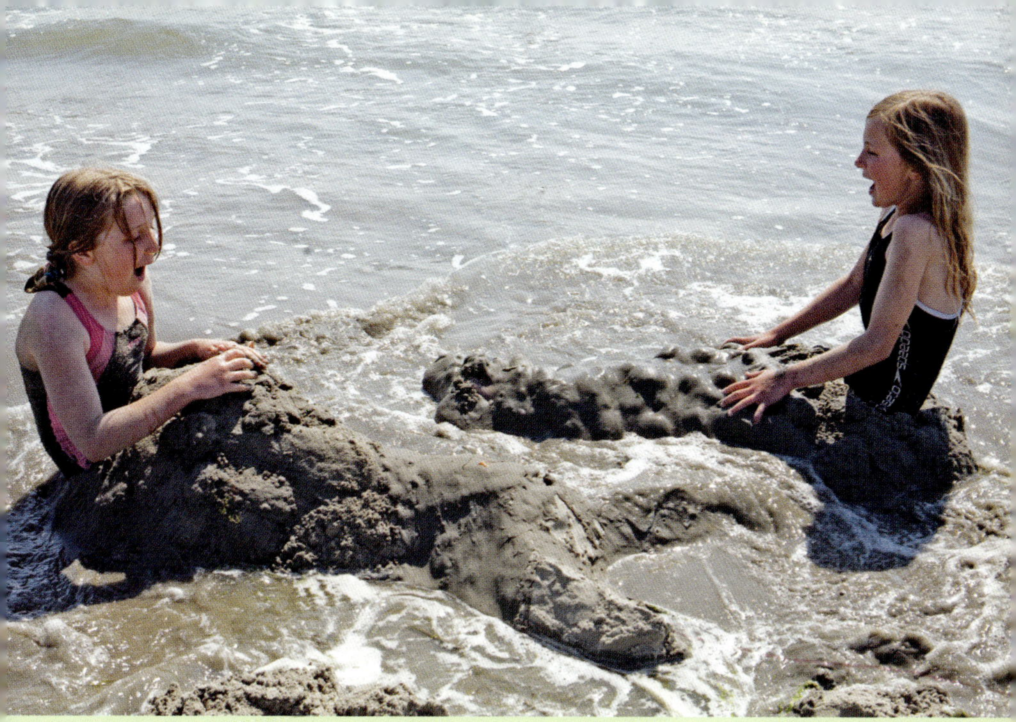

PROJEKT

Sandjungfrauen

44

Verwandelt euch in eine Nixe und wartet, bis das Wasser euch zurückverzaubert …

Setzt euch bei steigender Flut ein Stück weit vom Wasser und formt über euren Beinen einen Meerjungfrauenschwanz, schön verziert und komplett mit Schwanzflosse und Schuppen, bevor die Wellen alles wieder wegspülen. Am besten wählt ihr dafür einen warmen Tag, an dem die Wellen nicht zu groß sind.

PROJEKT

45

Zauberboote bauen

Geradezu perfekt für fantastische Abenteuer, bei denen ihr mit euren Freunden übers Meer zu fernen Ufern aufbrecht. Aber hütet euch vor den Angriffen der Piraten!

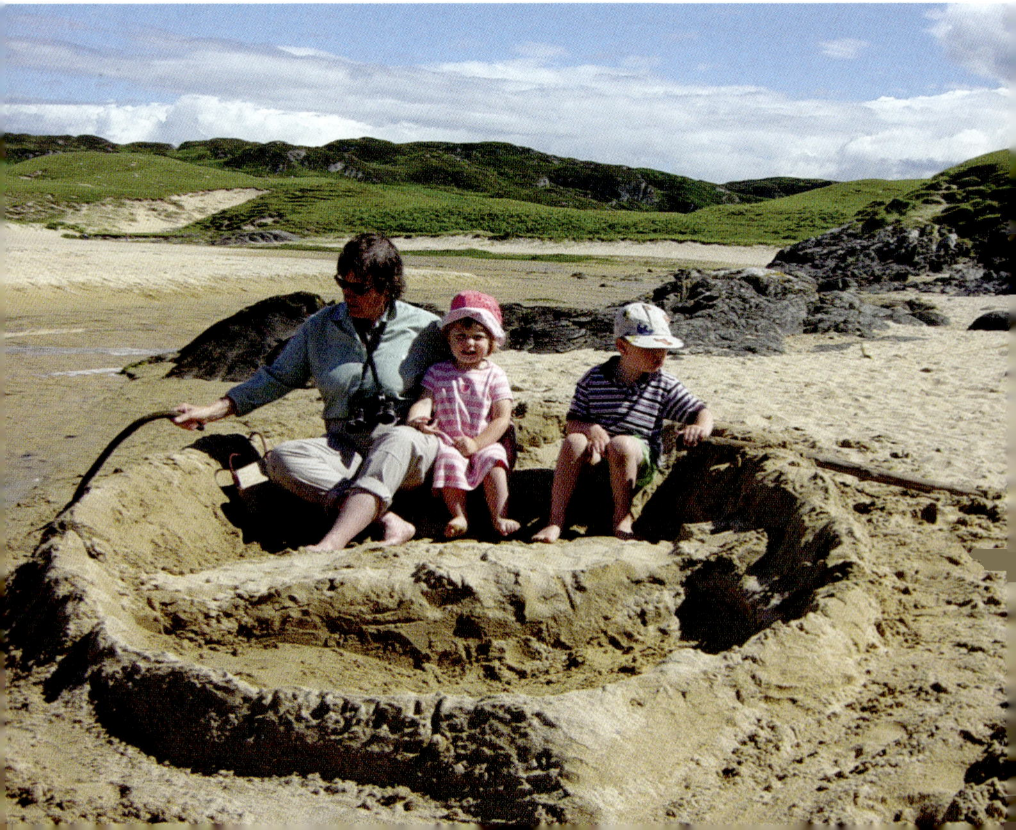

Baut euer Boot aus Sand, so groß es geht. Vielleicht wird ein Kanu daraus, ein Ruderboot, ein motorisiertes Rennboot oder sogar ein Piratenschiff. Vergesst das Segel nicht und denkt auch an Außenbordmotor, Ruder, Sitze und Flagge und natürlich an die Muscheldekoration.

Baut euer Boot mal im Wettlauf mit der Flut. Grabt einen tiefen Kanal rund um das Boot. Die Flut spült euer Boot weg, sonst müsst ihr euch den Piraten ergeben!

Spielzeugforscher

Packt ein paar Spielzeugfiguren oder -tiere ein, und dann ab auf Strandexpedition!

Diese kleinen Gesellen erforschen das Fluss- oder Meeresufer. Stellt euch vor, wie überrascht sie sind, wenn sie nach dem Erklimmen eines steilen Felsens einen Hai entdecken! Vielleicht möchten eure Spielzeugfiguren in einem kleinen Boot über den Fluss segeln, eine Sandburg gegen feindliche Angreifer verteidigen oder die Unterwasserwelt eines Gezeitentümpels auskundschaften?

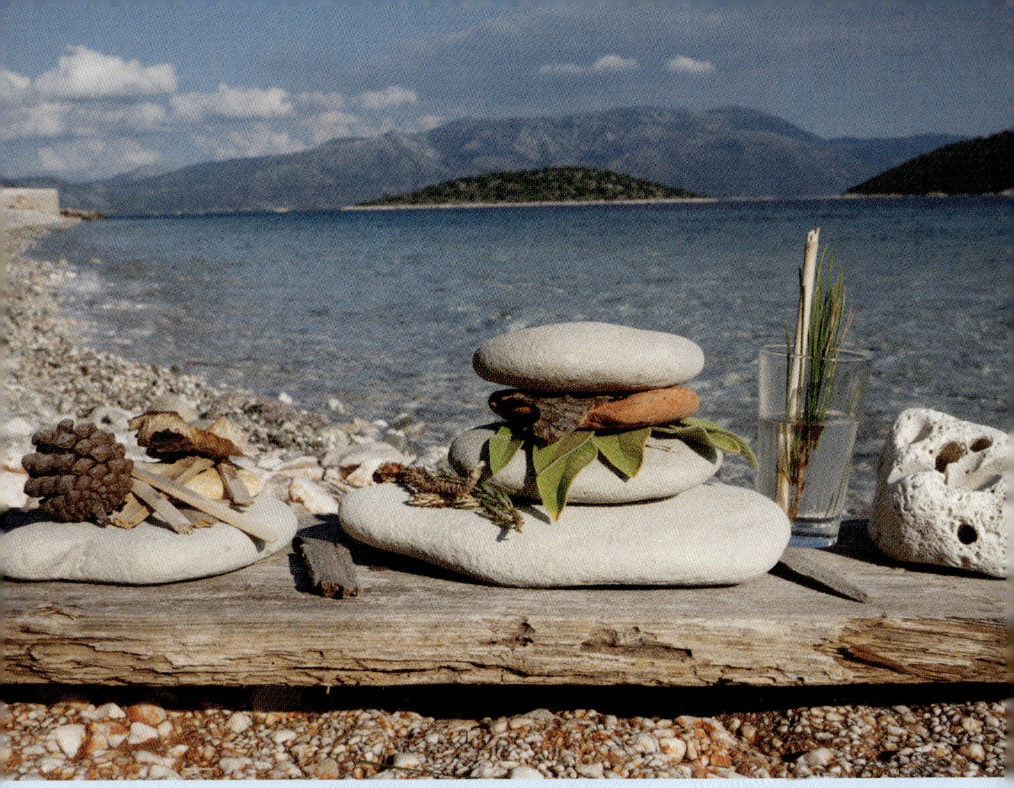

PROJEKT 47

Strandküche und Strandcafé

Auf der Tageskarte des Strandcafés steht heute ein ganz besonders leckerer Steinburger mit salzigem Borkenkäse und knusprig frittierten Treibholz-Pommes. Wie wäre es dazu mit einem erfrischenden Piniennadel-Smoothie und mit einem süßen, frisch gebackenen Korallen-Rosinenbrötchen als Dessert? Was werdet ihr uns vorsetzen?

48 Stockpuppen

Aus gesammelten Stöcken, Seetang und Muscheln werden verrückte Stockpuppen. Wenn eure Puppen länger halten und noch beeindruckender werden sollen, nehmt eure Schätze mit nach Hause und befestigt sie mithilfe einer Heißklebepistole an den Stöcken.

Sicherheitshinweis Heißklebepistolen nur in Anwesenheit eines Erwachsenen benutzen.

Kopfschmuck

Bastelt euch eine Neptunskrone oder ein schönes Meer-jungfrauen-Diadem. Ihr könnt eure Kopfbedeckungen direkt am Strand basteln oder das Material nach Hause nehmen und dort zu einem schönen Kopfschmuck zusammenfügen.

Schneidet einen etwa 10 cm breiten Wellkartonstreifen zu; er sollte so lang sein, dass er gut um euren Kopf reicht. Nun steckt ihr Federn in die Rillen des Kartons. Verziert den Karton mit Muscheln, getrocknetem Seetang und anderen Funden vom Strand, die ihr mit doppelseitigem Klebeband befestigt. Zu Hause könnt ihr das auch mit Heißleim machen.

Tipps Setzt einen Blickfang in die Mitte und gruppiert den Rest darum herum. Mit Seetang sieht es aus wie eine Perücke.

Faxen machen

Ein perfekter Streich für jemanden, der gerade ein Nickerchen macht: Hext ihm ein witziges Gesicht an oder verwandelt Teile seines Körpers in lustige Gestalten.

● Mit entsprechend platzierten Steinen entsteht im Nu ein Monster. Oder der Bauchnabel eines schlafenden Sonnenanbeters verwandelt sich mit ein paar Steinen, Seetang und anderen Funden vom Strand in eine kleine gähnende Gestalt mit seltsamer Frisur. Das »Kunstwerk« fotografiert ihr, um den Schläfer damit nach dem Aufwachen aufzuziehen.

● Ihr könnt aber auch eine ganze Serie von Fotos schießen und immer jeweils nur ein Detail ändern, sodass am Ende eine Art Daumenkino entsteht. Wie bei der armen Lisa rechts mit den großen Ohren, die nicht weiß, ob sie lachen oder weinen soll.

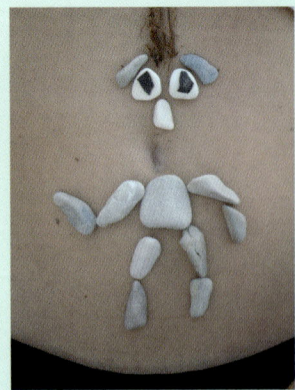

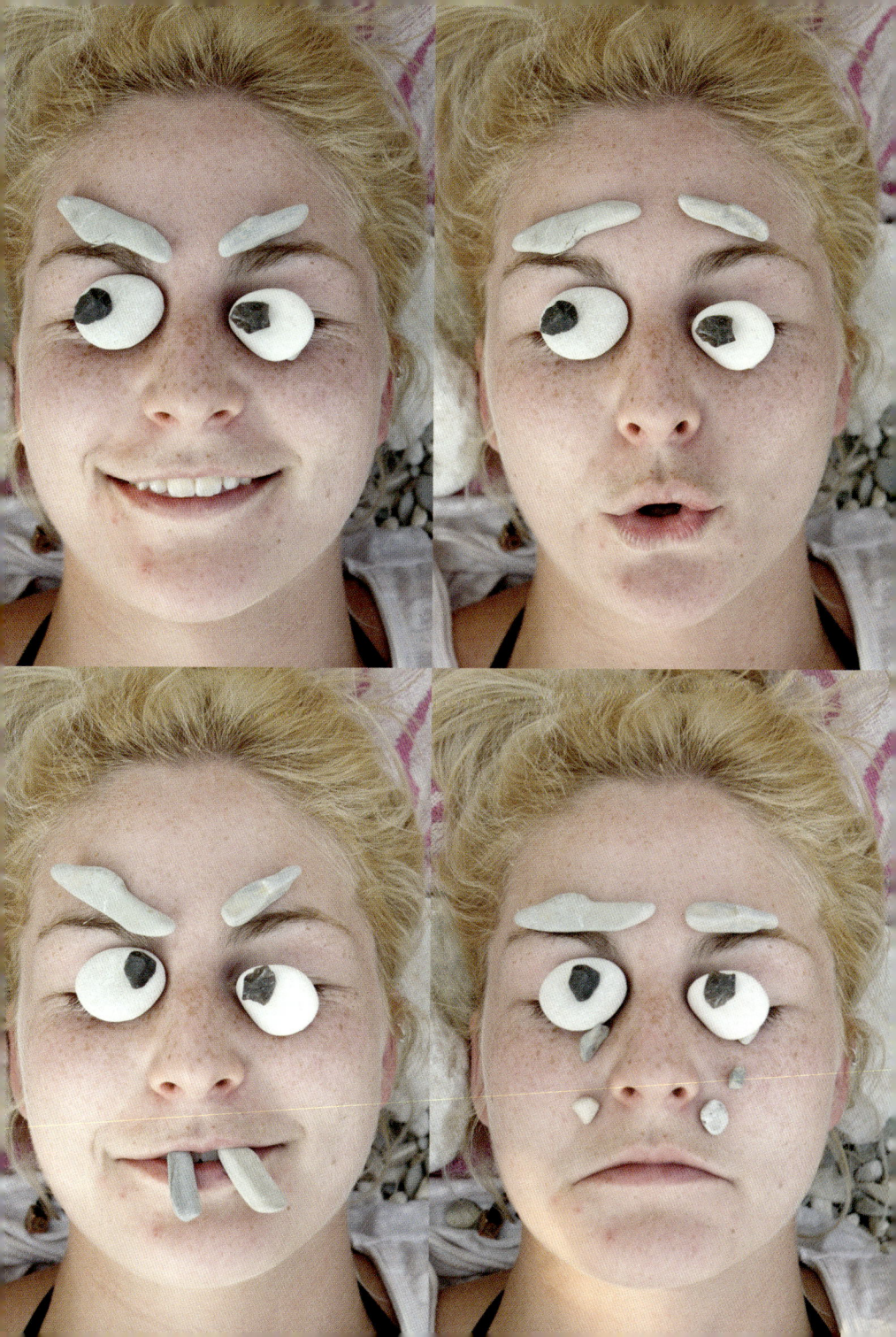

Graspuppen

Manchmal findet man am Strand trockene Grashalme, die robust und flexibel genug sind, um kleine Figuren zu flechten und zu biegen.

● Ein Bündel trockene Grashalme am einen Ende zu einem Knoten binden – das wird der Kopf.

● Nun die Halme in drei Bündel aufteilen und ein Stück weit flechten – das ist der Körper. Den Rest teilt ihr in sechs Stränge auf, aus denen ihr zwei Beine flechtet. Das Ende verknotet ihr jeweils, sodass Füße daraus werden.

● Nun ein zweites, dünneres Bündel Gras an einem Ende verknoten. Dann bis fast zum anderen Ende flechten und dort wieder verknoten. Führt dieses anschließend durch den Oberkörper des ersten Bündels, und fertig sind die Puppenarme.

Sicherheitshinweis
An Gras kann man sich leicht schneiden; deshalb die Grashalme nicht durch die Finger ziehen.

Schattenzauber

Sonnige Tage laden zu Schattenspielen ein.

● Wenn ihr ganz still haltet, können eure Freunde euren Schatten in ein Monster oder ein Fabelwesen verwandeln. Sorgt dafür, dass jemand eine Kamera dabei hat, um jede Verwandlung des Schattens festzuhalten.

● Meeresgott Neptun hat hier eine Federkrone, Schwert und Schild aus Sand. Zu ihm hat sich ein Löwe gesellt, mit einer Mähne aus Seetang. Am Spätnachmittag, wenn die Sonne sinkt, verwandelt er sich in einen langbeinigen »Alien«.

Schattenfilm Eine Art Daumenkino entsteht, wenn ihr viele Fotos macht und bei jedem Foto eine kleine Einzelheit ändert.

Zeigt her eure Füße

Wer an diesen Riesenfüßen vorbeikommt, muss einfach selbst hineinschlüpfen! Statt nur in der Sonne zu liegen, sorgt das für Witz und Aktivität am Strand.

Lasst eurer Fantasie freien Lauf und schafft alle möglichen Fußformen – klobige Stiefel, große Tierpfoten mit langen Krallen oder Riesenfüße mit Muschelzehennägeln. Und wenn ihr damit fertig seid, beobachtet, wer vorbeikommt und sie »anprobiert«!

6

Abenteuer bei Nacht

Die Nacht erleben

Richtig abenteuerlich wird es am Strand, wenn es dunkel ist. Packt Teelichter, Taschen- und Stirnlampen, Streichhölzer, Plastikflaschen, Leuchtstäbe und Ferngläser ein.

Der ideale Zeitpunkt Am besten wählt ihr einen sternenklaren, windstillen Abend bei einsetzender Ebbe und vorzugsweise Vollmond.

Nachtwanderungen Selbst an einem Strand oder Ufer, die ihr schon kennt, werdet ihr überrascht sein, wie anders es im Dunkeln wirkt. Lasst die Lampen aus; eure Augen werden sich bald an die Dunkelheit gewöhnen. Vielleicht entdeckt ihr Meeresleuchten; an einem Fluss oder See könnt ihr nach Fledermäusen Ausschau halten, die über das Wasser fliegen, um Insekten zu fangen.

Mondtänze Im hellen Licht des Vollmonds könnt ihr den Strand als riesige Tanzfläche nutzen und bizarre Schattenfiguren bilden.

Sterngucker Schaut euch die Sterne durch das Fernglas an.

Legt euch alle auf den Boden, wie Speichen eines Rads, mit euren Köpfen aneinander. Wie viele Sterne entdeckt jeder von euch?

Sicherheitshinweise

● Bei trockenem, warmem Wetter ist es nachts am Strand am schönsten.
● Den Gezeitenkalender beachten. Nachts nur bei Ebbe an den Strand gehen.
● Das Wasser immer im Auge behalten; die Bewegung des Meeres ist im Dunkeln nicht so gut zu erkennen.
● Keine Kerzen, Behälter oder andere Dinge am Strand zurücklassen.
● Bleibt immer in der Gruppe zusammen. Es ist leichter, alle im Auge zu behalten, wenn alle ein fluoreszierendes Armband tragen oder einen Leuchtstab bei sich haben.

Geschichtenerzählen Setzt euch ums Feuer und erzählt Gruselgeschichten. Vielleicht heult dazu der Wind, und die Wellen klatschen gegen den Strand, als würde ein Seeungeheuer an Land gehen …

Baden bei Nacht Das macht viel Spaß an Stränden, wo es keine Strömung oder Wellen gibt. Nicht zu weit hinausschwimmen und in der Nähe der Erwachsenen bleiben!

Feuerboote

Toll für eine windstille Nacht bei Ebbe an einem Gezeitentümpel oder am Fluss- oder Seeufer.

● Schneidet einen beschichteten Saft- oder Milchkarton der Länge nach in der Mitte durch, sodass die Form eines Boots entsteht. Nun mit Alufolie umhüllen und ein Stück Schnur am »Bug« befestigen. Wer mag, kann auch ein kleines Segel hinzufügen.

● Einen Wattebausch mit Brennspiritus tränken, ins Boot legen und kurz vor dem Start anzünden.

● Alternativ könnt ihr auch ein Teelicht ins Boot setzen. Dazu den oberen Teil einer Plastikflasche abschneiden und darübersetzen, damit er als kleiner »Kamin« dient und die Flamme im Wind nicht ausgeht (Bild Seite 101 oben).

Sicherheitshinweise

● Die Boote immer an der Schnur halten, damit sie nicht abtreiben können.

● Nachprüfen, wann die Flut einsetzt.

● Bei dieser Aktivität müssen Erwachsene vor Ort sein.

56 Leuchtlöcher

Diese »Leuchtlöcher« sehen absolut magisch aus; am besten funktioniert es in einer windstillen, trockenen Nacht.

● Steckt den oberen Teil einer Plastikflasche in angefeuchteten Sand oder Kies. Rund um die Flasche einen Rand hochdrücken und festklopfen, bevor ihr die Flasche wieder herauszieht.

● Das wiederholt ihr, so oft ihr wollt, bis ihr eine Reihe, ein Muster oder ein Wort aus Löchern im Sand oder Kies gebildet habt. Nun legt ihr in jedes Loch ein Teelicht und zündet es an.

Schwimmlichter

Schwimmende Lichter verzaubern die Nacht. Am besten eignen sich Felstümpel oder seichte Gewässer. In offenem Wasser befestigt Schnüre daran, damit sie nicht abtreiben.

● Durchsichtige Plastikflaschen jeweils in der Mitte durchschneiden und den oberen Teil wegwerfen. In die untere Hälfte etwas Sand oder ein paar Kieselsteine geben, damit das schwimmende Licht im Wasser nicht umkippt.
● Ein Teelicht auf dem Sand oder den Kieseln platzieren, anzünden und das Licht schwimmen lassen.

Strahlende Burgen

Stellt euch eine Burg auf einem hohen Felsen vor, von der ein freundliches Licht grüßt, um eine Feenprinzessin willkommen zu heißen.

● Wählt einen besonderen Ort für eure Burg – vielleicht auf einem Felsen oder mitten in einem Tümpel. Am besten baut ihr die Burg bereits bei Tag, bevor ihr in der Dunkelheit zurückkehrt.

● Lasst euch Zeit mit dem Bau der eindrucksvollsten Burg, die ihr jemals errichtet habt, mit Tunneln, Gemächern und Türmchen. Diese herrliche Burg thront auf einem steil aufragenden Felsen, der auf allen Seiten von Wasser umschlossen ist.

● Nun gebt ihr in abgeschnittene Plastikflaschen Teelichter, zündet sie an und stellt sie vorsichtig in die Burg, sodass sie stimmungsvoll leuchtet.

Zieht euch warm an und macht ein nächtliches Picknick – umgeben von mehreren beleuchteten Burgen.

PROJEKT

59

Nächtliche Spiele

Große, offene Sandstrände eignen sich bei Ebbe perfekt für nächtliche Fußball-, Rugby- oder Frisbeespiele. Nehmt Leuchtbälle mit oder probiert folgende Spiele mit Leuchtstäben aus:

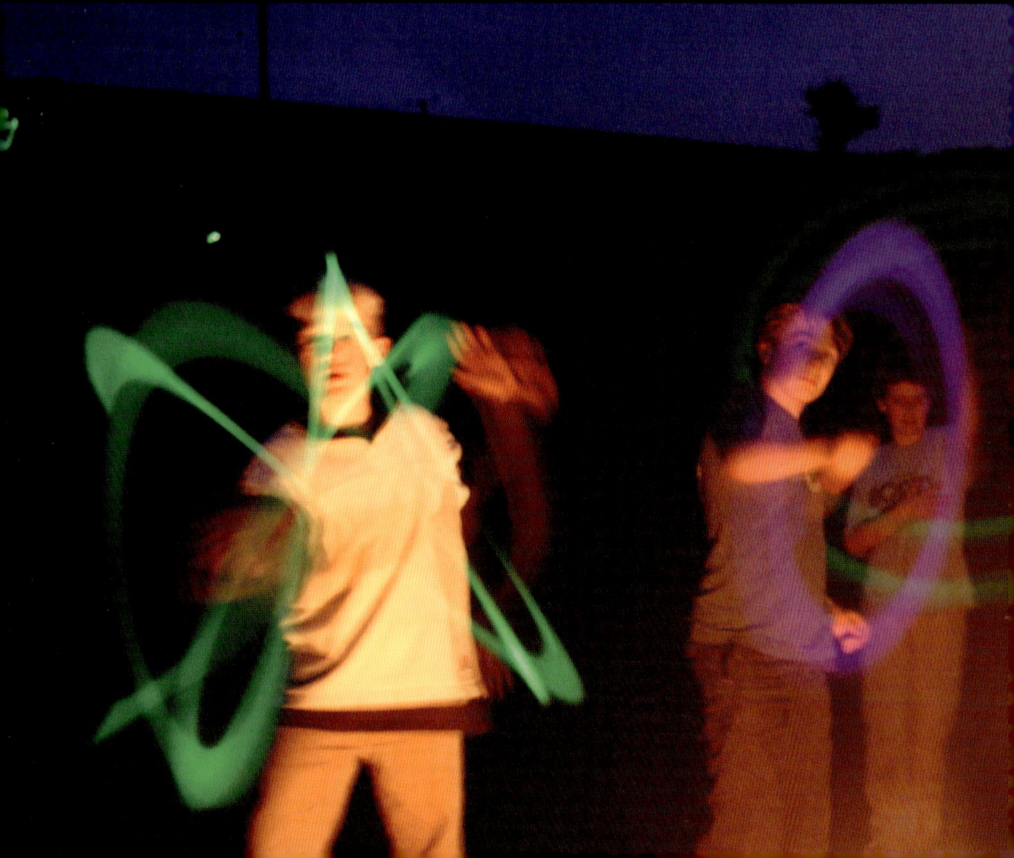

- Malt leuchtende Figuren an den Nachthimmel.
- Leuchtstäbe an einem Frisbee oder Bumerang befestigen – und zwar so, dass sie gut austariert sind; sonst fliegen sie nicht.
- Etwas Wasser in eine durchsichtige Plastikflasche geben (um sie schwerer zu machen). Ein paar Leuchtstäbe hinzufügen – und fertig ist der selbst gemachte Rugbyball (Bild Seite 101).

Sicherheitshinweis
Informiert euch vorab, wann die Flut kommt.

7

Strandmüll

Saubere Arbeit

Viel zu viele Strände weltweit sind mit Plastikmüll übersät. Strandmüll sieht scheußlich aus und stellt eine Gefahr für Tiere dar.

● Macht bei lokalen Müllsammeltagen mit, an denen Strand und Ufer gesäubert werden, oder veranstaltet eure eigene kleine Säuberungsaktion. Nehmt Gummihandschuhe und Müllsäcke mit. Vielleicht findet ihr dabei auch etwas ganz Besonderes, das ihr noch brauchen könnt.

● Denkt immer daran, euren eigenen Abfall mitzunehmen, wenn ihr den Strand verlasst. Um andere zu ermuntern, dasselbe zu tun, könntet ihr ein Müllbild wie dieses legen.

Skulpturen aus Müll

Ihr werdet Müll mit ganz anderen Augen betrachten, wenn euch tolle Skulpturen daraus gelingen.

Als wir am Strand ein lebensgroßes Müllpferd mit einer Zunge aus einem pinkfarbenen Flipflop und einem dichten Fell aus verknoteten alten Tauen entdeckten, inspirierte uns das zu diesem verrückten Löwen mit der orangefarbenen Mähne aus Seilen und Pranken aus Gummihandschuhen. Wichtig: Keine Plastikbehälter verwenden, die giftige Substanzen enthalten haben. Nutzt diese Gelegenheit, um den Strand zu säubern.

Mit Picknickmüll spielen

Anstatt Picknickmüll wegzuwerfen, könnt ihr damit noch wunderbar spielen. Hier ein paar Ideen:

- Sandgemälde (Seite 64–65)
- Flaggen aus Plastiktüten, Luftschlangen aus Chipstüten (Seite 117)
- Kegeln mit Flaschen und Saftkartons (Seite 40–41)
- Sandburg aus Müll (Seite 120)
- Flascheneimer, Tümpelgucker und Netz (Seite 26–27)
- Tütendrachen und Windsäcke (Seite 122–123)
- Boote basteln (Seite 118–119) und schwimmen lassen (Seite 13)
- Müllbilder (Seite 114)
- Ausflüge bei Nacht (Seite 104–107, 110–111)
- Vergesst nicht, euren eigenen Müll mitzunehmen, wenn ihr den Strand verlasst!

Luftschlangen, Flaggen

Selbst gebastelte Luftschlangen flattern lustig im Wind, kleine Flaggen zieren Sandburgen und Boote.

Luftschlangen Eine Chipstüte an einer Seite aufschneiden und flach auslegen. Nun von oben nach unten in einem Stück rundherum zu einer langen Spirale schneiden. Die Luftschlange an einem Stock befestigen (siehe Bild). Nun könnt ihr sie im Wind umherwirbeln, auf ein Sandboot stecken (siehe Seite 88) oder als Dekoration verwenden.

Flaggen Eine Plastik- oder Chipstüte in Flaggenform zuschneiden. Am breiteren Ende einige Schnitte anbringen und einen Stock hindurchschieben (Bild links unten). Solche Flaggen eignen sich als Zierde für Sandburgen (Seite 108) oder Bootswettrennen (Seite 13) oder als Markierung für die Schatzsuche (Seite 42).

Boote aus Müll

Sucht in den Abfällen vom Picknick oder vom Strandspaziergang sauberen Müll, den ihr in kleine Boote verwandeln könnt. Ideal sind Plastikflaschen oder beschichtete Saftkartons.

Einzelteile lassen sich verbinden, indem ihr Schnur benutzt oder Löcher hineinbohrt, durch die ihr dann Stöcke schiebt. Alte Korken oder Styroporstückchen sorgen für Auftrieb; aus einer Plastiktüte oder einem Blatt wird ein Segel. Aus einem Stöckchen, einer Muschel oder einem Joghurtbecher entsteht vielleicht noch ein Passagier.

Ein Floß bauen

● Gelingt es euch, aus Müll ein Floß zu bauen, das stabil genug ist, etwas Schweres zu tragen, zum Beispiel eine Dose Bohnen, Papas Schuhe oder ein Buch? Ihr braucht ein gutes Stück Schnur, um das Floß zu ziehen – ihr wollt ja nicht, dass ihr die Ladung verliert!

● Kann euer Floß seine Fracht ohne Verlust übers Wasser tragen, und bleibt diese dabei auch noch trocken?

● Boote und Flöße mit einem Kiel liegen besser im Wasser.

● Denkt daran, am Ende des Tages eure Wasserfahrzeuge mitzunehmen. So tragt ihr dazu bei, dass der Strand sauber bleibt.

Sicherheitshinweis Lasst die Boote nur in seichtem Wasser schwimmen.

65 Model für Sandburgen

Diese schöne Sandburg mit ihren vielen verschiedenen Türmen und Türmchen sorgte für Aufsehen am Strand und inspirierte zu eigenen Kreationen.

● Sammelt Behälter wie Joghurtbecher, Salatboxen, Plastikdosen oder quer halbierte Plastikflaschen in den verschiedensten Formen. Bei Bedarf ausspülen.

● Nun baut ihr eine große Sandburg. Die verschiedenen Behälter mit angefeuchtetem Sand füllen und umgedreht, mit der Öffnung nach unten, auf die Sandburg aufsetzen, um so viele Türme wie möglich zu erhalten. Je unterschiedlicher die Formen sind, desto interessanter wird die Sandburg.

PROJEKT 66

Wasserbomben

Füllt ein paar Plastiktüten mit Wasser und bewerft euch damit. Ideal an heißen Tagen.

Sicherheitshinweis Nehmt alle Tüten wieder mit, wenn ihr den Strand verlasst. Und werft keine Wasserbomben auf Leute, die nicht mitspielen wollen.

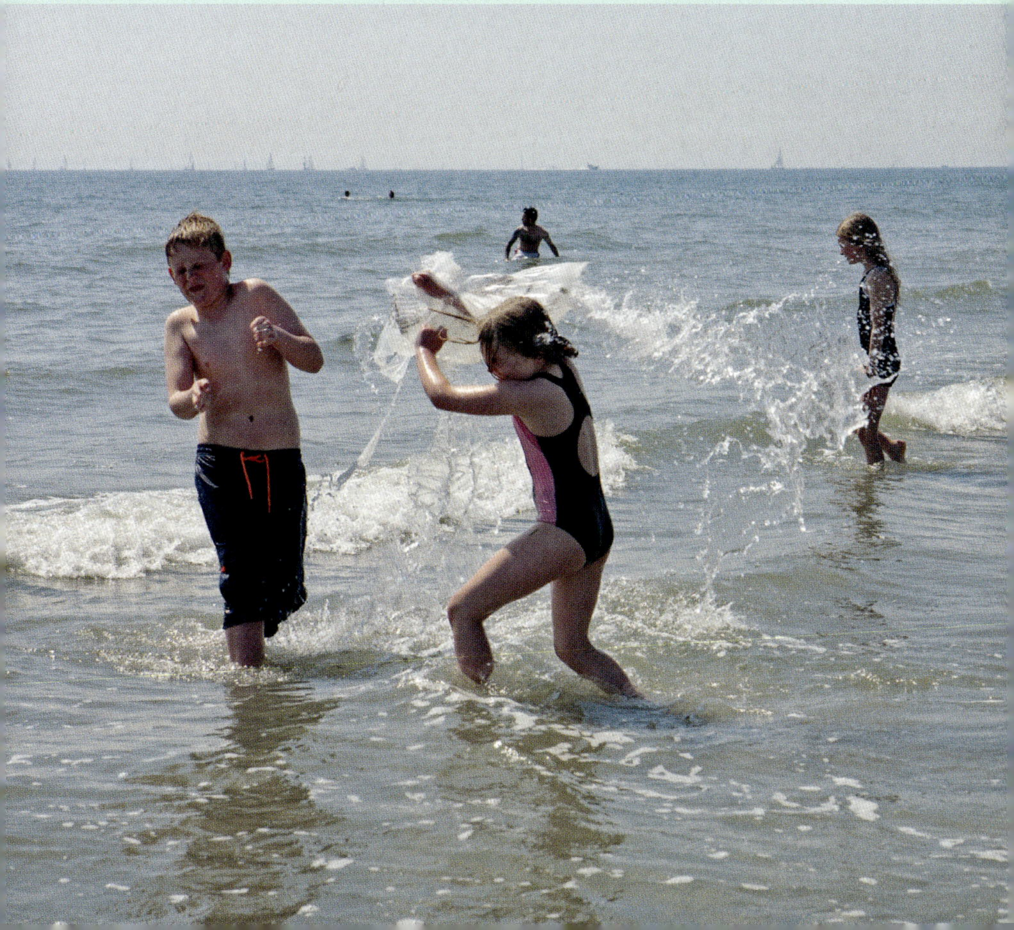

67 Drachen

Große, weite Strände eignen sich super zum Drachen-steigenlassen. Dieser kleine Drachen entsteht aus einer Plastiktüte, einigen Grillspießen oder Strohhalmen und Kreppband.

● Zwei Spieße oder Strohhalme kreuzförmig miteinander verbinden. Eine Achse etwas kürzen, sodass eine länger als die andere ist.

● Mit Kreppband das Kreuz an einer aufgeschnittenen Plastiktüte anbringen. Die Plastiktüte wie im Bild rautenförmig zuschneiden.

● Am unteren Ende des längeren Spießes ein Loch in die Plastiktüte schneiden und ein zweites auf Höhe der Kreuzmitte. Nun beide Löcher mit einem Stück Schnur verbinden und ein längeres Stück Schnur an der Schlaufe befestigen. Und los geht's!

Windsäcke

Spürt die Kraft des Windes, wenn ihr mit diesem Windfisch den Strand entlanglauft.

● Den Boden und den oberen Teil einer Plastikflasche oder eines großen Joghurtbechers abschneiden, sodass ein Zylinder von etwa 15 cm Länge entsteht. An einem Ende auf zwei gegenüberliegenden Seiten ein Loch in den Zylinder bohren. Ein Stück Schnur hindurchziehen, sodass eine Griffschlaufe entsteht.

● Eine Plastiktüte aufschneiden, längs zusammenklappen und eine Fischform ausschneiden. Die Längsseiten zusammen-kleben, sodass der Wind vom Maul zum Schwanz hindurch-blasen kann. Mit Heftklammern oder Kreppband das »Maul« am Zylinder befestigen.

Wenn der Wind in den Windsack bläst, wird er zum Leben erweckt.

Sicherheitshinweise

Folgende Sicherheitshinweise sorgen für ungetrübten Spaß.

Allgemeine Sicherheitshinweise

- Beachtet den Wetterbericht, bevor ihr an den Strand geht. Das Wetter kann schnell wechseln, daher am besten immer Kleidung und Ausrüstung für Sonne, Regen und Wind dabei haben.
- Am Meer ist auf den Gezeitenwechsel zu achten. Die Flut kann sehr rasch kommen. Bevor man an den Strand geht, ist daher immer der Gezeitenkalender zu konsultieren (im Internet oder in den Läden vor Ort), damit man nicht durch die Flut überrascht wird.
- Nur in sicheren Bereichen schwimmen. Dabei ist immer auf etwaige Risikofaktoren wie Unterströmungen, hohe Wellen und Felsen unter Wasser zu achten. Niemals in seichtes Wasser springen.
- Auf Quallen oder andere Lebewesen oder Objekte achten, an denen man sich verletzen könnte; es empfiehlt sich, Badeschuhe oder Gummistiefel zu tragen.
- Gefährlich können auch Klippen sein, poröse, instabile Felsen, Höhlen, tiefer Schlamm und Sand sowie Felsen, die mit glitschigem Seetang bedeckt sind.
- Ihr solltet immer ein kleines Erste-Hilfe-Set bei euch haben sowie jemanden, der sich damit auskennt.
- Teelichter und Kerzen sollten nur in Anwesenheit Erwachsener benützt werden; Laternen niemals ohne Aufsicht brennen lassen.

Keine Spuren hinterlassen

Strand und Ufer sind Lebensraum für viele Tiere und Pflanzen; darauf ist bei allen Aktivitäten Rücksicht zu nehmen.

- Achtet alle wild lebenden Tiere.
- Übt Rücksicht gegenüber allen anderen Strandbesuchern.
- Nehmt alle Abfälle wieder mit nach Hause.
- Sammelt nur das, was am Boden liegt oder von häufig vorkommenden, nicht geschützten Pflanzen stammt.

Hinweise zum Umgang mit offenem Feuer

- Macht nur Feuer, wo es erlaubt ist und Erwachsene dabei sind.
- Haltet ausreichenden Abstand zu Bäumen und Gebäuden ein.
- Macht Feuer nur auf Sand oder mineralischem Boden, in einer Grube oder (vorzugsweise) auf einer feuerfesten Unterlage. Steine und Kiesel können bersten, wenn sie auf sehr hohe Temperaturen erhitzt werden.
- Entzündet nie ein Feuer bei Wind oder extrem trockenem Wetter.
- Lasst ein Feuer nie ohne Aufsicht brennen.
- Haltet Wasser bereit, um das Feuer zu löschen und Verbrennungen zu lindern.
- Benutzt so wenig Holz wie möglich und lasst das Feuer zu Asche verbrennen. Wenn sie erkaltet ist, entfernt alle Spuren.

Register

Danksagung

Ein großer Dank geht an:

Die Familien und Freunde, die uns in so vielerlei Hinsicht unterstützt haben. Alle Jugendlichen, die sich an den Aktivitäten in diesem Buch beteiligt haben: Monty und Daisy S.; Alexander und Mimi D.; Libby und George W.; Hamish, Isobel und Oliver M.; Ayrton und Edward K.; Ama und Amalia J.; Susannah P.; Tilly und Betsy S.; Lydia, Helena und Lucien S.; Sophie T.; Edward und Rebecca W.; Sienna, Bay und Lucas C.; Sophie E.; Lily, Toby und Charlie R.; Natasha H.; Louie C.; Izzy G.; Felix N.; Carolyn S.; Lucas R.; Sam V.; Amelia B.; Clifford, Frankie und Anya C. sowie alle, die bereit waren, sich fotografieren zu lassen, deren Namen wir aber nicht mehr aufnehmen konnten.

Die geheimnisvollen Strandkünstler, über deren Kunstwerke wir bei unseren Wanderungen gestolpert sind – eure Arbeiten haben uns zu eigenen Ideen inspiriert, und einige davon haben den Weg in dieses Buch gefunden.

Laura und Michael Danks, Simon Smith, Carol und Mike Furness und Louisa Reynolds für Tage voller Spaß und Spiel am Strand.

Vielen Dank auch an unsere Ehemänner Ben und Peter und an unsere Kinder Jake, Dan, Connie, Hannah und Edward für ihre Unterstützung.

Und zu guter Letzt danke an alle bei Frances Lincoln.